COMO ÁRBOL PLANTADO:

Diez meditaciones bíblicas sobre el Salmo 1

KEN KYTLE

Como árbol plantado:
Diez meditaciones bíblicas sobre el Salmo 1

.

Impreso en los Estados Unidos, 2024

ISBN (paperback): 979-8-9893770-6-0

ISBN (ebook): 979-8-9893770-7-7

A los fieles miembros de la Iglesia
Bautista La Fe en Cristo

Contenido

Introducción

La serie *Caminando en su palabra* aborda el tema de la meditación bíblica. El primer libro de la serie, *La meditación bíblica: Tu guía práctica para el crecimiento espiritual diario*, define la meditación y la explica. Este libro, *Como árbol plantado*, presenta diez meditaciones expositivas del Salmo 1 para demostrar que la meditación bíblica no es simplemente una cuestión de disciplina: es una interacción santa con el Dios viviente.

Se puede leer el libro como un devocional diario, con meditaciones para diez días. Personalmente, cuando leo un devocional diario que me resulta muy especial, no me limito a una meditación por día, leo varias en una sesión. Y cuando el devocional es excelente, vuelvo a leerlo, a veces meditando en un solo párrafo o una sola frase, y a menudo apunto observaciones para nuevas meditaciones. Espero que este libro te merezca la calificación de los excelentes.

Les agradezco en especial a Juan Carlos Martín Cobano, Joey Hoelscher y Christian Rafetto por su colaboración en esta publicación.

Ken Kytle

Monroe, Georgia, Estados Unidos

Bienaventurado: la definición

El libro de los Salmos se inicia con una declaración de la incontenible felicidad, de la satisfacción profunda en la que la comunidad de Dios celebra la gracia del Señor con una persona en particular.

«Bienaventurado»

Por ejemplo, siempre celebramos la noticia de un embarazo. Pero cuando sabemos que tendrá una participación directa en el plan de Dios para la redención de su pueblo, esa celebración será mucho mayor. Por eso, Elisabet llama a María bienaventurada por estar encinta: «Bienaventurada la que creyó, porque se cumplirá lo que le fue dicho de parte del Señor» (Lucas 1:45). María confirma y multiplica la celebración: «Engrandece mi alma al Señor; y mi espíritu se regocija en Dios mi Salvador. Porque ha mirado la bajeza de su sierva; pues he aquí, desde ahora me dirán bienaventurada todas las generaciones» (Lucas 1:46-48). A lo largo de las generaciones, hemos rebosado de gozo por la encarnación de Jesús por obra del Espíritu Santo.

Además de identificar la suma satisfacción del bienaventurado, esta palabra tiene tres funciones adicionales en el Salmo 1:

Primero, *alaba*.

Segundo, *celebra la misericordia de Dios*.

Tercero, *llama al lector* a disfrutar la misma bienaventuranza.

Alaba: A primera vista, la palabra *bienaventurado* alaba a una persona, como en el ejemplo de María arriba. Igual parece en Proverbios 31:28 cuando describe a la mujer virtuosa: «Se levantan sus hijos y la llaman bienaventurada; y su marido también la alaba». Existe una similitud entre llamar bienaventurada a una persona y alabarla o elogiarla.

Pero la alabanza no se para en la bienaventurada. Por medio de la bienaventurada, se alaba al Dios que en su gracia la ha bendecido. En otras palabras, la bienaventurada sirve como plataforma de lanzamiento para dirigir la alabanza directamente al Autor de la bendición.

Así alaba, o elogia, Jesús a Pedro en Mateo 16:17: «Bienaventurado eres, Simón, hijo de Jonás, porque no te lo reveló carne ni sangre, sino mi Padre que está en los cielos». Al ver Jesús la gracia de Dios manifestada a

Pedro, lo identifica como bienaventurado para celebrar y dirigir su alabanza al Dios de la gracia, la fuente que ha dado esa revelación a Pedro.

Celebra la misericordia de Dios: Considera las famosas bienaventuranzas con que empieza el Sermón del Monte en Mateo 5:3-12: «Bienaventurados los pobres en espíritu... bienaventurados los que lloran...» ¿Quién de nosotros, al ver a una mujer sollozando a solas en un rincón, diría: «Mira la alegría de esa mujer»? La pobreza en espíritu y el llorar desconsoladamente no parecen señales de bienaventuranza. Pero Jesús ve más allá de las circunstancias inmediatas para fijarse en la futura respuesta de su Padre: «Bienaventurados los pobres en espíritu, porque de ellos es el reino de los cielos. Bienaventurados los que lloran, porque recibirán consolación», una consolación que llega a lo más íntimo de su ser porque Dios enjugará toda lágrima (Apocalipsis 21:4). En estos casos, la declaración «bienaventurado» mira más allá de la tribulación y confía en la futura respuesta divina.

Llama al lector: Las declaraciones de bienaventuranza piden algo de sus oyentes. En el caso de María, nos pide que reconozcamos la majestad del Hijo que va a nacer de ella. En el caso de Pedro, nos llama a identificar a Jesús como el Cristo, el Hijo del Dios viviente (Mateo 16:16). Aquí en el Salmo 1, la palabra *Bienaventurado* nos llama a imitar la fe del varón descrito para participar en su bendición.

Dios tenía muchas opciones para iniciar el libro de los Salmos. Podría haber empezado:

- Con una declaración de su gloria como la que manifestó a Moisés mientras lo escondía en una peña (Éxodo 34:6, repetido en Salmos 103:8),
- Recordándole a Israel su redención (Salmos 106:7-12),
- Con una referencia al pacto con Abraham, Isaac, y Jacob (Salmos 105:8-11),
- Con una advertencia de su santidad (Salmos 11:4-7).

Pero en la primera palabra del libro de los Salmos, el Espíritu Santo nos llama a participar en esa desbordante felicidad, en la satisfacción profunda con que la comunidad alaba a Dios y celebra el poder de su gracia en la vida de una persona. ¿Deseas participar?

MEMORIZA: *Bienaventurado (Salmo 1:1).*

La delicia falsa del descenso gradual hacia la maldad

Jesús advierte en el Sermón del Monte: «Entrad por la puerta estrecha; porque ancha es la puerta, y espacioso el camino que lleva a la perdición, y muchos son los que entran por ella; porque estrecha es la puerta, y angosto el camino que lleva a la vida, y pocos son los que la hallan» (Mateo 7:13-14).

Es como si Jesús nos dijera: «Bienaventurado el varón que no anduvo en consejo de malos, ni estuvo en camino de pecadores, ni en silla de escarnecedores se ha sentado» (Salmos 1:1).

Si queremos andar en el reino de los cielos del Sermón del Monte o en la bienaventuranza del Salmo 1, tenemos que pisar con cautela. Es muy fácil desviarnos de la ruta indicada.

El bienaventurado del Salmo 1 evita tres acciones (*no anduvo, ni estuvo, ni se ha sentado*) y tres formas de interacción (*consejo, camino, silla*) con tres clases de personas (*malos, pecadores, escarnecedores*). Las acciones prohibidas pasan de activo a pasivo (*andar, estar, sentarse*); las interacciones pasan de evaluación a familiaridad (*consejo, camino, silla*), y las clases de personas pasan de mala a peor (los malos viven sin referencia a los mandamientos de Dios; los pecadores se caracterizan por la desobediencia a sus mandamientos; los escarnecedores se rebelan contra Dios y buscan a seguidores que los acompañen). El versículo retrata concisa y poéticamente un descenso gradual hacia la maldad.

Así como se caza un animal no domesticado lanzándole dardos tranquilizantes hasta que gradualmente se rinde al sueño, los malos entumecen poco a poco la sensibilidad espiritual del creyente acostumbrándolo a dosis de maldad cada vez más potentes.

El bienaventurado no da ni siquiera el primer paso hacia esa trampa.

Consejo

Primero, el bienaventurado reconoce que el *consejo* incluye muchas formas de comunicación: observaciones, recomendaciones, anuncios, asesoramiento, y mandatos, entre otras. Cada forma puede expresarse de muchas maneras, como con música y videos. El consejo intenta despertar o cambiar las emociones, moldear actitudes o provocar acciones de acuerdo con los deseos de los comunicadores. El bienaventurado enfrenta un bombardeo continuo de esta comunicación en persona y por los medios digitales. ¿Cómo va a evaluar si la acepta o no? El Salmo 1:1 nos dice: Si el consejo niega el dominio de Dios y se rebela contra sus mandamientos (es decir, si es de los «malos»), no lo admitas.

Camino

Segundo, para muchos pecadores, el *camino* o lugar donde practican su pecado es muy importante. Pasan tiempo en la búsqueda de la privacidad necesaria para su pecado, para que nadie los interrumpa. Y después que pecan, esos lugares, calles, plazas, casas, sitios de internet o medios digitales cobran un poder llamativo que los anima a regresar y pecar de nuevo cada vez que se acercan. Con el tiempo, toda la geografía de un lugar físico o digital puede grabarse en el corazón de la persona para dirigirla a sus pecados preferidos.

En cambio, el hombre bienaventurado discierne los lugares y las situaciones que le pueden servir de tentación. Sabe de estos lugares, pero no para visitarlos. No se acerca «solo para ver», ni para sentir la excitación de la tentación con la idea de apartarse justo antes de pecar, ni se imagina ir a esos lugares si tan solo pudiera, ni aprende sobre ellos para impresionar a los demás con su «sabiduría de la calle». El hombre bienaventurado sabe de estos sitios solo para mantenerse a la distancia.

Silla

Tercero, al bienaventurado le gusta relacionarse con los demás, pero reflexiona:

- ¿A quiénes admiro más? ¿A quiénes deseo imitar más?
- ¿De quiénes no quiero perder su plática, su discurso, o su desempeño artístico, interpretativo o deportivo?
- ¿De quiénes son las palabras de política, cultura y religión en que más medito?

Luego, evalúa:

- ¿Qué actitudes revelan sobre el amor a la gente, el materialismo, Dios, la iglesia, el pecado y las naciones?
- Al final, ¿imitan las palabras de Jesús o no?

El hombre bienaventurado se aparta de la silla que está al lado de los que se rebelan contra el Señor Jesucristo o intentan menoscabar su gloria.

El Salmo 1:1 llama al lector no solo a recibir una bendición sino a buscarla activamente. Nos urge a batallar contra las poderosas atracciones de una bienaventuranza falsa que entumece el corazón del creyente.

Demas fue colaborador del apóstol Pablo, según Filemón 24; junto con el médico amado Lucas, saluda a los colosenses (Colosenses 4:14). Pero en los años posteriores se hundió lentamente en el pantano cenagoso hasta que el apóstol declaró: «Demas me ha desamparado, amando este mundo» (2 Timoteo 4:10). ¡Ni siquiera la atención personal del apóstol fue suficiente para proteger a Demas contra el descenso gradual hacia la maldad!

Al contrario de Demas, el bienaventurado del Salmo 1 huye de la carnalidad que quiere seducirlo para apartarlo del camino del Señor. A veces anda a solas; se menciona en singular en el Salmo 1:1, y toda la gente de quien se aleja se menciona en plural. Pero no está solo. Como veremos en el versículo siguiente, guarda el tesoro de un compañerismo de mucho más valor que las atracciones de un mundo atrapado en el descenso hacia el pecado.

MEMORIZA: *Bienaventurado el varón que no anduvo en consejo de malos, ni estuvo en camino de pecadores, ni en silla de escarnecedores se ha sentado (Salmos 1:1).*

La delicia verdadera

Si solo existiera el versículo 1 del Salmo 1, la bienaventuranza se limitaría a prohibiciones. Pero esta bienaventuranza es un llamado a la suma satisfacción, no a la privación de deleites. Es un llamado a la delicia verdadera.

«Bienaventurado el varón que no anduvo en consejo de malos, ni estuvo en camino de pecadores, ni en silla de escarnecedores se ha sentado; sino que en la ley de Jehová está su delicia, y en su ley medita de día y de noche» (Salmos 1:1-2).

La delicia o deleite se puede definir como el gozo de contemplar un objeto de excepcional belleza. Si sentimos el placer al contemplar y coleccionar las caracolas y los pedacitos de coral en un día de vacaciones en la playa, ¡imagine la maravilla de recoger diamantes, esmeraldas, zafiros, y rubíes! Las piedras preciosas nos dan deleite mientras las manipulamos. Y el bienaventurado sabe que hay aún más deleite en contemplar la sabiduría (Proverbios 3:15; 8:11).

El objeto de la contemplación del bienaventurado es la ley del Señor. Este término se refiere a los primeros cinco libros del Antiguo Testamento (Génesis, Éxodo, Levítico, Números y Deuteronomio), que son obras muy variadas de las Sagradas Escrituras. Estos libros instruyen al pueblo escogido sobre los atributos de su Dios y la historia del pacto que él les ha provisto por su gracia. La ley explica en detalle esa relación viva por la fiel misericordia de Dios. La meditación en la ley informa, instruye, dirige, afirma, reprende, corrige, consuela y transforma al creyente dentro de esta relación del pacto. La meditación en la ley es una parte principal de la comunión viva con el Dios del pacto.

Por ejemplo, el creyente recibe instrucción en la ley con respecto al día del reposo, por ejemplo, acerca de su historia (Génesis 2:1-3), sus requisitos (Éxodo 20:8-11), sus promesas (Levítico 25:18-22), su justicia (Deuteronomio 5:15) y casos de desobediencia que inspiran temor (Números 15:32-36). Luego, Isaías 58:13-14 le explica: «Si retrajeres del día de reposo tu pie, de hacer tu voluntad en mi día santo, y lo llamares **delicia**, santo, glorioso de Jehová; y lo venerares, no andando en tus propios caminos, ni buscando tu voluntad, ni hablando tus propias palabras, entonces te **deleitarás** en Jehová; y yo te haré subir sobre las alturas de la tierra, y te daré a comer la heredad de Jacob tu padre; porque la boca de Jehová lo ha hablado». La meditación en la ley no solo proporciona información, sino que dirige la participación en una relación con el Dios viviente, una relación en la que Dios responde a la obediencia y el bienaventurado experimenta la delicia.

Así que las declaraciones doctrinales de la ley le enseñan al bienaventurado a conocer y a temer a Dios. Las narraciones históricas de la ley le hacen admirar y esperar su fidelidad. Las alabanzas y los cánticos le guían a contemplar y celebrar la gloria de Dios. Sus mandamientos le dirigen a obedecerle y experimentar que Dios es justo, misericordioso y galardonador de los que le buscan.

La repetición de la palabra *ley* en Salmos 1:2 conecta las dos mitades del versículo para unir *su delicia* con *en su ley medita de día y de noche*. El verbo *meditar* hace referencia a la lectura y la reflexión tal como eran en el mundo antiguo, no a la práctica moderna de leer o reflexionar en silencio. En el mundo antiguo, la gente pronunciaba en voz baja lo que leía. Motivado por la delicia de conocer a Dios, el bienaventurado constantemente lee en voz baja, contempla y pone atención a su ley. No se contenta con repetirla solo cuando se levanta, sino que la lee también por la tarde, o cuando encuentra unos minutos libres en el trabajo, o durante una espera, o antes de acostarse. Y no le parece suficiente repetirla; desea estudiarla. No solo la estudia, sino que la memoriza. Y no solo la memoriza, sino que continuamente la contempla para entenderla mejor. Y el entenderla mejor le parece insuficiente: el bienaventurado quiere ponerla en práctica y hasta en cánticos. La utiliza como medio para expresar plenamente su gozoso y obediente andar con Dios.

En el libro *La meditación bíblica: Tu guía práctica para el crecimiento espiritual,* enseño como meditar en cualquier pasaje de la Biblia. Ahora observemos en Salmos 1:2 que la frase *en su ley medita de día y de noche* no solo describe la frecuencia de la meditación sino la pasión con que el bienaventurado la realiza. Deuteronomio 6:5-6 manda: «Amarás a Jehová tu Dios de todo tu corazón, y de toda tu alma, y con todas tus fuerzas. Y estas palabras que yo te mando hoy, estarán sobre tu corazón». El bienaventurado responde mediante la meditación en su ley de día y de noche para que la palabra de su amado Señor y Redentor se quede grabada en lo más íntimo de su ser.

¡Qué diferencia hay entre el consejo de malos y la meditación en la ley! En vez de ir descendiendo cada vez más hacia lo profundo del pecado, el bienaventurado ha sido establecido en el deleite de conocer al Dios del pacto.

MEMORIZA: *Bienaventurado el varón que no anduvo en consejo de malos, ni estuvo en camino de pecadores, ni en silla de escarnecedores se ha sentado; sino que en la ley de Jehová está su delicia, y en su ley medita de día y de noche (Salmos 1:1-2).*

Será como árbol plantado

«Será como árbol plantado junto a corrientes de aguas que da su fruto en su tiempo, y su hoja no cae; y todo lo que hace, prosperará» (Salmos 1:3).

El estado donde vivo es conocido por sus huertos. Producen sabrosos duraznos, manzanas y nueces. Casi nunca veo estas tres clases de árboles cuando camino por los bosques y los otros lugares silvestres; solo los encuentro en zonas de cultivo, donde alguien los ha plantado con un propósito. Su existencia y producción se deben a las manos que desde hace décadas los plantaron y hoy los mantienen.

Así es el bienaventurado: el estado que disfruta con Dios se debe a la mano que lo plantó y lo mantiene.

Vimos en nuestra meditación sobre el versículo 1 que la referencia a la persona bienaventurada sirve como plataforma de lanzamiento para la alabanza a Dios; aquí, al describirlo como árbol plantado se nos muestra con más precisión por qué lo alabamos. Los árboles bienaventurados no se plantan por sí mismos. Dios los ha puesto para que sirvan de bendición en nuestras familias, iglesias y comunidades. En vez de dirigir a la gente al materialismo, a la diversión frívola, o a la lascivia, los árboles plantados con intención dirigen al pueblo a un deleite superior.

La soberanía y la sabiduría del que plantó el árbol son admirables porque lo plantó en el lugar perfecto: junto a corrientes de aguas.

El estado donde vivo también es conocido por el calor del verano y la sequía que sufre algunos años. Una vez hubo una sequía tan fuerte que los árboles perdieron las hojas tres meses antes de la época normal. Era asombroso ver hojas secas en todos los árboles cuando debían lucir verdes. Pero, cuando manejaba por una parte de mi ruta al trabajo, de repente el paisaje seco se transformaba en un cuadro espléndido. Todas las hojas de los árboles brillaban en verde.

Esos árboles estaban al borde de un caudaloso río abastecido por aguas subterráneas. No les importaban a esos árboles las altas temperaturas constantes; seguían teniendo agua en abundancia para su sustento.

Así es el bienaventurado: es como árbol plantado junto a abundantes corrientes de aguas. Cuando pasa por el calor de las tribulaciones, o la alta temperatura de la persecución, o el desierto de la oración no contestada, el bienaventurado plantado junto a corrientes de aguas sigue siendo regado en abundancia. «Su hoja no cae»: mantiene su paz interior y su disposición contenta y generosa a pesar de las dificultades que quieren quitárselas.

Corrientes de aguas

¿Qué son estas corrientes de aguas? Según el versículo 2, son la ley de Jehová en que el bienaventurado medita continuamente. La ley no lo alimenta solo de una corriente, sino de varias: «La ley de Jehová es perfecta, que convierte el alma; el testimonio de Jehová es fiel, que hace sabio al sencillo. Los mandamientos de Jehová son rectos, que alegran el corazón; el precepto de Jehová es puro, que alumbra los ojos. El temor de Jehová es limpio, que permanece para siempre; los juicios de Jehová son verdad, todos justos» (Salmos 19:7-9).

La perfección multifacética de la ley llama al alma del bienaventurado del atrayente descenso hacia el pecado al arrepentimiento y a los caminos de Jehová. Además de llamarla *la ley*, la identifica como:

- *El testimonio de Jehová* que testifica y amonesta continuamente de la verdad y el juicio justo de Jehová. Produce sabiduría en el bienaventurado atento y obediente.
- La llama *mandamientos de Jehová* para enfatizar que examinan el alma con autoridad. ¡Alegre y bienaventurado es el corazón que pase ese examen con la aprobación de Dios!

- *El precepto de Jehová* le dirige con autoridad exactamente en todo lo que tiene que hacer.
- *El temor de Jehová* manifiesta la reacción de obediencia y adoración que la ley produce en el bienaventurado.
- *Los juicios de Jehová* que siempre son justos, nunca arbitrarios ni injustos, hablan del carácter total del gobierno de Dios.

Y todas estas funciones de la ley —llamar al arrepentimiento, dar sabiduría, examinar el corazón, dirigir y producir la obediencia según el gobierno justo de Jehová— sirven como «corrientes de aguas» para hacer crecer al bienaventurado en la gracia como árbol plantado.

Y mientras medita en la ley, el bienaventurado se alimenta del poder de Dios como describe Isaías 55:10-11: «Como desciende de los cielos la lluvia y la nieve, y no vuelve allá, sino que riega la tierra, y la hace germinar y producir, y da semilla al que siembra, y pan al que come, así será mi palabra que sale de mi boca; no volverá a mí vacía, sino que hará lo que yo quiero, y será prosperada en aquello para que la envié».

¿Hasta qué punto te estás alimentando ahora en las múltiples corrientes de la ley de Dios?

MEMORIZA: *Será como árbol plantado junto a corrientes de aguas (Salmos 1:3).*

Que da su fruto en su tiempo

Como agricultor, soy impaciente. Cuando siembro tomates, jalapeños, o cebollas, al día siguiente salgo para ver si han brotado. ¡Quiero que todo se produzca ya!

Si insisto en una producción acelerada, siembro hojitas de mostaza que salen en unas pocas semanas. Las puedo añadir a una ensalada, pero no quitan el hambre ni dan mucho sabor. Ni modo; mis vegetales preferidos necesitan tiempo para crecer.

El Salmo 1:3 habla del fruto del árbol. ¡Muchos árboles requieren años, aun décadas para producir en abundancia! El fruto de la meditación en la Palabra de Dios no se logra en unos pocos días. Cuanto más tiempo pasamos en el desarrollo y el crecimiento en la Palabra de Dios, más posibilidad hay de una cosecha fructífera.

Además, el Salmo 1:3 describe la meditación fructífera como un árbol «que da su fruto en su tiempo».

La cosecha de fresas en mi región empieza a principios de abril y se extiende hasta principios de mayo. A mediados de mayo, salen algunas fresas que están mal formadas, son pequeñas y a veces amargas; no son comparables con las grandes y dulces que aparecieron unas pocas semanas antes. Un año mi esposa deseaba fresas, pero no pudimos llegar a ningún lugar donde recogerlas hasta el final de la temporada. Pasamos por muchas plantas, pero con pocos resultados y, después de media hora, me desanimé al ver las pocas buenas que teníamos en las cestas. Aunque mi esposa seguía con su deseo de fresas intacto, yo fui hacia otra parte del campo donde había zarzamoras, ¡grandes, jugosas y abundantes, porque estaban en su temporada! Al final, ella encontró sus fresas, pero no tenían ni la calidad ni la abundancia de las zarzamoras que recogí yo.

El fruto del árbol del bienaventurado no es pequeño, amargo y fuera de su tiempo, sino que llega en su tiempo, justo cuando la situación lo requiere.

- En el día de angustia, el corazón del bienaventurado produce el fruto de la paz sostenido por las corrientes de aguas de la ley que declaran la soberanía y la fidelidad de Dios.

- Cuando aparece una tentación para seguir el consejo de malos, el bienaventurado está preparado. Resiste la tentación porque la ley ha producido en él el fruto del temor de Dios.

- Cuando se presenta una oportunidad de encaminar a sus hijos en la verdad, al bienaventurado no le preocupa no tener una lección preparada porque tiene todo un depósito de sabiduría gracias a su meditación regular en la ley.

- Cuando tiene que tomar decisiones que van a afectar a su familia por años, su corazón produce el fruto del discernimiento que le dirige a la decisión correcta.

- Al bienaventurado se le presentan oportunidades para ministrar y aconsejar a otros. Le surgen tribulaciones, contratiempos, persecuciones, tentaciones y bendiciones. En todo, el corazón del bienaventurado luce el fruto de la paz, la sabiduría, la fe, el gozo, la misericordia, la respuesta apropiada, la perseverancia, la pureza; todos ellos producidos a su tiempo por su meditación en la ley.

Y todo lo que hace, prosperará

Dios no pone límite al fruto que produce la meditación del bienaventurado. No dice: «una parte de lo que hace», ni «la mayoría de lo que hace», sino «¡todo lo que hace, prosperará!»

La persona que se aparta del consejo de malos y medita por delicia en las aguas de la ley para ponerla en práctica y dejar que le transforme el alma tiene entrada a bendiciones sin límites, a prosperidad en todos los sentidos de la palabra, apoyada y dirigida por la mano ilimitada de Dios, la mano fiel y justa que obra de acuerdo con la Palabra de Dios.

Salmos 105:17-22 resume este concepto de producción de fruto en la vida de José: «Envió un varón delante de ellos; a José, que fue vendido por siervo. Afligieron sus pies con grillos; en cárcel fue puesta su persona. Hasta la hora que se cumplió su palabra, el dicho de Jehová lo probó. Envió el rey, y le soltó; el señor de los pueblos, y le dejó ir libre. Lo puso por señor de su casa, y por gobernador de todas sus posesiones, para que reprimiera a sus grandes como él quisiese, y a sus ancianos enseñara sabiduría.»

Según el Salmo 1 y estos versículos del Salmo 105, la meditación en la Palabra de Dios no nos promete una vida sin tribulaciones ni injusticias, pero sí que, cuando estas pasan, produciremos el fruto apacible y próspero del bienaventurado de Dios.

MEMORIZA: *Será como árbol plantado junto a corrientes de aguas, que da su fruto en su tiempo, y su hoja no cae; y todo lo que hace, prosperará (Salmos 1:3).*

No así los malos

«No así los malos, que son como el tamo que arrebata el viento» (Salmos 1:4).

Las primeras palabras del versículo 4 se cierren como una gruesa puerta de hierro frente a nuestras caras: «No así los malos». Tanta bienaventuranza, ¡descartada irremediablemente!

- Los malos no entienden el deleite del bienaventurado que le hizo abandonar su consejo.
- No experimentan la delicia de conocer a Jehová por medio de su ley.
- Son ajenos a la Palabra de Dios, no familiarizados con sus promesas, testimonios, mandamientos, preceptos y gobierno.

- Las corrientes de aguas de la vida eterna no pasan por sus almas.
- Sus espíritus no sienten deleite en la Palabra.
- No saben lo que es ser árbol plantado por Jehová.
- Desconocen la satisfacción de pasar años en la Palabra de Dios.
- Cuando llega el momento de necesidad, gimen, buscando en vano algún fruto.
- No hay verdadera alegría ni felicidad; no hay bienaventuranza.
- No tienen la aprobación de Dios.
- Con el tiempo se secan bajo el juicio justo de Dios.

Hay una comparación para describirlos. No son árbol que da fruto, ni árbol silvestre, ni mata en el desierto, ni hierba seca en una tierra árida; son como el tamo que arrebata el viento.

El tamo es una paja muy delgada que se desprende del grano cuando se trilla. Los israelitas juntaban los granos de la cosecha encima de un cerro y los tiraban para arriba, dejando que el viento se llevara el tamo inútil mientras el grano, al ser más pesado, volvía a caer a tierra para conservarlo. El tamo no valía ni para ser recogido y quemado. Es difícil encontrar palabras más expresivas para señalar la insignificancia.

Aunque el Salmo 1:4 no menciona al Señor directamente, se entiende que está presente. La imagen del tamo arrebatado por el viento está ligada al juicio de Dios: «El convierte en nada a los poderosos, y a los que gobiernan la tierra hace como cosa vana. Como si nunca hubieran sido plantados, como si nunca hubieran sido sembrados, como si nunca su tronco hubiera tenido raíz en la tierra; tan pronto como sopla en ellos se secan, y el torbellino los lleva como hojarasca» (Isaías 40:23-24).

Hay quienes parecen poderosos, populares, con una educación e influencia que apenas podemos soñar para nosotros. Pero al mirarlos desde la perspectiva del Todopoderoso, a pesar de toda su autoridad terrenal y su influencia, son hojarasca, llevados para la destrucción en el torbellino del juicio, inútiles en comparación con el que gobierna los cielos y la tierra. A todo lo que han aprendido, ganado, ahorrado, construido y mantenido: ¿qué le pasará ese día?

¿Y qué nos pasará a nosotros? ¿Nuestra meditación en la Palabra hoy nos prepara para sobrevivir ese día?

El Salmo 1:4 no menciona nada del arrepentimiento. El juicio a los malos es una certeza, ya en marcha. Nos mueve con urgencia a una reacción: ¿en qué estado me encuentro? Si Dios me evalúa hoy, ¿cómo juzgará el fruto de los años de mi meditación? ¿Me va a considerar árbol plantado que produce fruto para su gloria? ¿O me va a descartar como tamo, habiendo perdido los años en engaño, con un fruto insignificante?

MEMORIZA: *No así los malos, que son como el tamo que arrebata el viento (Salmos 1:4).*

MEDITACIÓN 7

Por tanto, no se levantarán los malos

«Por tanto, no se levantarán los malos en el juicio,
ni los pecadores en la congregación de los justos» (Salmos 1:5).

El juicio: Todos tenemos que rendir cuentas a
Dios. El apóstol Pablo predica en medio del Areópago
de Atenas que Dios: «ha establecido un día en el cual
juzgará al mundo con justicia, por aquel varón que
designó, dando fe a todos con haberle levantado de
los muertos» (Hechos 17:31). Nadie puede pedir dis-
culpas y ausentarse ese día: Pablo y Pedro declaran que
Jesucristo juzgará a los vivos y a los muertos (2 Timoteo 4:1; 1 Pedro 4:5). Nada será encubierto del juicio,
porque Dios juzgará por Jesucristo los secretos de los

hombres (Romanos 2:16). Nosotros nos examinamos ahora, hasta lo más profundo de nuestros corazones, en anticipación de un examen mucho más penetrante, santo y justo.

Las primeras palabras del versículo, *por tanto*, ligan este con el versículo 4. Los malos no se levantarán en el juicio precisamente porque son como el tamo que arrebata el viento; inútil, estéril y sin ninguna relación con la bienaventuranza de Dios. No les va a ayudar su dinero ese día, ni su poder material, su influencia, sus dones para persuadir, su lógica, su filosofía, su fama, su buena reputación, ni ninguna de sus supuestas experiencias espirituales. Aunque ahora tengan una buena apariencia, el día del juicio va a desnudarlos de las pretensiones, descubrirá sus pecados escondidos, sacará a la luz los secretos anhelos pecaminosos, revelará sus promesas incumplidas y pondrá a plena vista toda su maldad e inutilidad. Todo aquello a lo que aferraban en su indiferencia ante la ley de Dios va a ser expuesto al puro y santo juicio de Dios para ser revelado como el tamo que es.

La expresión verbal *no se levantarán* da escalofríos aun al bienaventurado. Se trata de la derrota legal y militar, tal como la sufrieron los israelitas en la horrenda destrucción de Jerusalén por Babilonia: «Me ha entregado el Señor en manos contra las cuales no podré levantarme» (Lamentaciones 1:14). El verbo describe la derrota decisiva y la vergüenza por el pecado juzgado.

Pero el bienaventurado no tiene que temblar, porque el verbo *levantarse* aparece en un trasfondo positivo también: «¿Quién subirá al monte de Jehová? ¿Y quién estará (o **se levantará**) en su lugar santo? El limpio de manos y puro de corazón; el que no ha elevado su alma a cosas vanas, ni jurado con engaño» (Salmos 24:3-4). La limpieza de manos y pureza de corazón son buenos frutos de meditar en la ley de Jehová para obedecerla. En vez de la condenación, «Él recibirá bendición de Jehová, y justicia del Dios de salvación» (Salmos 24:5).

Así que el Salmo 24:3-5 ha revelado una nueva opción ligada al verbo *levantarse*, una opción positiva que el bienaventurado disfruta, en el Salmo 1:5, en la congregación de los justos. La gran sima puesta entre los malos y los justos se comunica con el verbo *levantarse*, en sentido negativo para los malos y positivo para los justos.

Es decir, el Salmo 1:5 nos ha abierto la vista a una perspectiva más amplia, como al caminante en un bosque espeso que sube una montaña y solo ve los árboles. Pero, tras unos pasos más, de repente se abre la panorámica para dejarle ver desde un punto elevado un valle extenso con un río largo, las montañas vecinas llenas de árboles y aun pequeños pueblos en la distancia.

El Salmo 1 empezó con la decisión firme de un solo creyente de evitar el consejo de los malos para meditar en la delicia de la palabra de Dios. En el espacio de cinco versículos nos ha llevado hacia una vista panorámica, a larga, incluso eterna, distancia, para ver muchos árboles plantados junto a corrientes de aguas, valles abundantes y verdes de generaciones de bienaventurados que ahora se levantan en el día del juicio. Hay una vasta congregación formada por los que han tomado en serio las palabras del Juez, con una fe viva y llena de delicia, mientras que hay otros que no se levantan, llevados por los vientos en derrota y vergüenza.

El Salmo 1:5 nos llama a considerar: ¿me levantaré en el juicio? ¿Me levantaré en la congregación de los justos? ¿Me dedico a la meditación en la Palabra hasta el punto que me transforma para bienaventuranza, aun bienaventuranza eterna? Es imposible sin conocer la Palabra de Dios, la única palabra que me cuenta la verdad de la ley, del pecado y de la justicia de Dios que es por la fe en Jesucristo solamente. Es la única palabra que nos dice: «Pero ahora, aparte de la ley, se ha manifestado la justicia de Dios, testificada por la ley y por los profetas; la justicia de Dios por medio de la fe en Jesucristo, para todos los que creen en él. Porque no hay diferencia, por cuanto todos pecaron, y están destituidos de la gloria de Dios, siendo justificados gratuitamente por su gracia, mediante la redención que es en Cristo Jesús, a quien Dios puso como propiciación por medio de la fe en su sangre» (Romanos 3:21-25).

Nos levantamos solo por fe al oír las buenas noticias acerca de la redención por la muerte de Jesucristo en la cruz y su resurrección. Solo así nos vamos a levantar ese día, bienaventurados en la congregación de los justos.

MEMORIZA: *Por tanto, no se levantarán los malos en el juicio, ni los pecadores en la congregación de los justos (Salmo 1:5).*

Porque el Señor conoce el camino de los justos

«Porque Jehová conoce el camino de los justos; mas la senda de los malos perecerá» (Salmo 1:6). El Salmo 1 se concluye en una clásica expresión doble entre dos cosas opuestas: la promesa y el juicio. La promesa es: «Jehová conoce el camino de los justos». Jehová mismo, el que siempre era, es y será, el que es fiel a sus promesas por todas las generaciones, pone la atención personal a los que se han deleitado en su palabra. Esta atención personal se manifiesta en el presente, el futuro y por medio de todas las tribulaciones: «Conoce Jehová los días de los perfectos, y la heredad de ellos será para siempre. No serán avergonzados en el mal tiempo, y en los días de hambre serán saciados» (Salmos 37:18-19).

Aunque el caso de Moisés fue único (Deuteronomio 34:10 dice: «Nunca más se levantó profeta en Israel como Moisés, a quien haya conocido Jehová cara a cara»), el verbo *conocer* sugiere una clase de conocimiento por lo menos parecido al de Jehová a Moisés.

Tal vez su expresión más majestuosa e íntima la encontramos en Salmos 139:1-14 cuando David se maravilla del conocimiento soberano, omnipotente, protector y misericordioso de Jehová:

«Oh Jehová, tú me has examinado y conocido.

Tú has conocido mi sentarme y mi levantarme;

Has entendido de lejos mis pensamientos.

Has escudriñado mi andar y mi reposo,

Y todos mis caminos te son conocidos.

Pues aún no está la palabra en mi lengua,

Y he aquí, oh Jehová, tú la sabes toda.

Detrás y delante me rodeaste,

Y sobre mí pusiste tu mano.

Tal conocimiento es demasiado

maravilloso para mí;

Alto es, no lo puedo comprender.

¿A dónde me iré de tu Espíritu?

¿Y a dónde huiré de tu presencia?

Si subiere a los cielos, allí estás tú;

Y si en el Seol hiciere mi estrado, he

aquí, allí tú estás.

Si tomare las alas del alba

Y habitare en el extremo del mar,

Aun allí me guiará tu mano,
Y me asirá tu diestra.
Si dijere: Ciertamente las tinieblas me encubrirán;
Aun la noche resplandecerá alrededor de mí.
Aun las tinieblas no encubren de ti,
Y la noche resplandece como el día;
Lo mismo te son las tinieblas que la luz.
Porque tú formaste mis entrañas;
Tú me hiciste en el vientre de mi madre.
Te alabaré; porque formidables,
maravillosas son tus obras;
Estoy maravillado,
Y mi alma lo sabe muy bien».

Según el Salmo 1:6, esta clase de conocimiento la brinda Jehová Dios a todos los justos.

Pero el Salmo 1:6 no termina con la contemplación de esta bienaventuranza proferida desde la primera palabra. Mientras que el versículo 5 nos comunica que los justos se levantarán en el juicio y los malos no, el 6 nos dice explícitamente cuál será el fin de estos: perecerán.

El *perecer* es la condenación final, entre los juicios más severos que describe la ley. Deuteronomio 8:19-20 explica: «Mas si llegares a olvidarte de Jehová tu Dios y anduvieres en pos de dioses ajenos, y les sirvieres y a ellos te inclinares, yo lo afirmo hoy contra vosotros, que de cierto pereceréis. Como las naciones que Jehová destruirá delante de vosotros, así pereceréis, por cuanto no habréis atendido a la voz de Jehová vuestro Dios».

Los malos perecerán no solo ellos mismos, sino toda su senda. Su entorno, sus negocios, sus fortalezas, su filosofía, placeres y diversiones, todos los instrumentos que dedican a su maldad, van a perecer juntos con ellos. Cuando la senda de los malos nos tienta, nos intenta seducir, nos menosprecia por alejarnos de ella, nos humilla por no caminar en ella, necesitamos verla con ojos proféticos, ojos que anticipan su juicio futuro. Cuando nos alejamos de la senda de los malos, somos personas que se han salvado por huir de una casa que está siendo consumida por las llamas. ¿Por qué habría de atraernos el vivir en una mansión lujosa si está ardiendo?

El Salmo 1 expresa el asombroso contraste entre dos destinos. Por el lado de la justicia, el creyente es receptor de la atención misericordiosa de Dios y de su poder sin límites. Por el lado de la maldad, el incrédulo vive la insignificancia y solo espera la condenación irreversible.

¿Qué camino vamos a escoger? El Salmo 1 nos ilumina para ver el correcto. Nos llama a participar en la suma satisfacción de conocer a Dios por medio de la meditación en sus Sagradas Escrituras.

MEMORIZA: *Porque Jehová conoce el camino de los justos; mas la senda de los malos perecerá (Salmos 1:6).*

Ejemplos del varón bienaventurado

En la Biblia hay numerosos ejemplos del varón bienaventurado del Salmo 1. Entre ellos, el salmista David, que cantó de acuerdo con la ley; el profeta Elías, que oró de acuerdo con Deuteronomio 11:16-17 cuando pidió que no lloviera; el rey Josías, que dirigió un avivamiento espectacular cuando el libro de la ley fue redescubierto en el templo; el autor del Salmo 119, que dio amplio testimonio de los beneficios de la meditación en la ley; Daniel, que confesó los pecados de los exiliados de acuerdo con la ley; y Esdras y Nehemías, que se esforzaron por gobernar con la ley a los que volvieron del exilio.

En el Nuevo Testamento, los discípulos de Jesucristo meditaron tanto en la ley que, después de su resurrección, el Señor les pudo explicar: «Estas son las palabras que os hablé, estando aún con vosotros: que era necesario que se cumpliese todo lo que está escrito de mí en la ley de Moisés, en los profetas y en los salmos» (Lucas 24:44). Después de la ascensión del Señor, los discípulos hicieron numerosas referencias a todas las Sagradas Escrituras, incluida la ley, como evidencia de su muerte, resurrección, y Segunda Venida.

Pero el ejemplo por excelencia del varón bienaventurado del Salmo 1 es nuestro Señor Jesucristo:

- Así como el bienaventurado del Salmo 1 se aleja de tres tentaciones, el Señor Jesucristo resiste las tres tentaciones de Satanás con tres citas de su meditación en el libro de Deuteronomio.

- En numerosas ocasiones Jesús corrige las malas interpretaciones de la ley que hacen los fariseos, los saduceos, y los escribas.

- Jesús fue como árbol plantado que dio su fruto en su tiempo, el fruto de la salvación a todos los que creemos en él.

- Todo lo que hace prosperará.

- Jesús se levantó en resurrección del juicio injusto de los que lo mataron. Vindicado por Dios, es las primicias de la resurrección, el primero en la resurrección de todos los que lo seguimos (1 Corintios 15:20-23).

Por eso, Jesucristo también supera al bienaventurado del Salmo 1:

- Mientras que el bienaventurado medita en la palabra de Dios, todo lo que Jesús dijo le fue dado por el Padre (Juan 14:10).
- Mientras que el bienaventurado pisa con cuidado para evitar el consejo de los malos, Jesús siempre hace lo que le agrada al Padre (Juan 8:29).
- Jesús es más que un árbol plantado junto a corrientes de aguas; es la vid verdadera de la que nos nutrimos nosotros los pámpanos (Juan 15:1-8).
- Volverá para juzgar a los vivos y a los muertos, y hará que la senda de los malos perezca (Mateo 25:31-46).

El bienaventurado del Salmo 1 es igualado y superado por nuestro Señor Jesucristo. Bienaventurados todos los que somos justificados por medio de la fe en él.

REPITE *de memoria todo el Salmo 1.*

Cinco preguntas y respuestas

El primer libro de esta serie, *La meditación bíblica: Tu guía práctica para el crecimiento espiritual diario*, explica en detalle cinco preguntas que se pueden utilizar para meditar en cualquier pasaje bíblico. Aquí vamos a aplicar las cinco preguntas para resumir brevemente nuestra meditación en el Salmo 1.

¿Qué enseña el Salmo 1?

- El Salmo 1 destaca la providencia de Dios, su atención soberana y fiel al creyente individual. En su compromiso con el pacto, Dios establece a su devoto seguidor como un árbol escogido, plantado en el mejor lugar para desplegar su gloria providencial ante los ojos de toda la comunidad del pacto.

- Dios llama al creyente a responder a su providencia mediante la devoción a su ley, una devoción que incluye la meditación regular y transformadora en su palabra.
- La meditación devota y obediente en la palabra de Dios lleva a una vida fructífera y a la protección que da la bienaventuranza de Dios en el día del juicio.

¿En qué nos redarguye el Salmo 1?

El Salmo 1 nos advierte del descenso gradual hacia la maldad. El consejo de malos acaba llevando al pecado, a la insignificancia en el reino de Dios, y a la condenación final. El Salmo 1 nos reta a considerar nuestras vidas diarias de acuerdo con la ley, que resumiremos aquí según los dos grandes mandamientos (Mateo 22:36-40). ¿Demuestran nuestras vidas diarias un compromiso de amar a Dios con todo nuestro corazón, alma y mente? ¿Dan evidencia nuestras vidas diarias de que amamos a nuestro prójimo como a nosotros mismos? ¿O se concentran nuestras vidas en la búsqueda del entretenimiento vano, la aprobación y la convivencia con los que desatienden la palabra de Dios? El Salmo 1 nos urge a resistir el consejo de malos buscando la delicia mayor de la palabra de Dios.

¿En qué nos corrige el Salmo 1?

Efesios 4:22-24 identifica tres facetas de la corrección bíblica:

- Despojarnos del viejo hombre, que está viciado conforme a los deseos engañosos
- Renovarnos en el espíritu de nuestra mente
- Vestirnos del nuevo hombre, creado según Dios en la justicia y santidad de la verdad.

El Salmo 1 sigue estos mismos tres pasos. Primero, nos urge a despojarnos de la interrelación estrecha, las experiencias compartidas, y el convivir con los malos. Segundo, nos invita a renovar nuestra mente deleitándonos en la meditación en la ley de Dios. Tercero, mientras perseveramos en la meditación bíblica, Dios nos empodera para resistir lo malo y prosperar en justicia como un árbol plantado prospera cerca de corrientes de aguas.

¿Cómo nos instruye en justicia el Salmo 1?

Consideremos el Salmo 1 en relación con el tema bíblico del establecimiento en la tierra. Cuando Dios creó a Adán y Eva a su imagen y conforme a su semejanza en Génesis 1 - 2, proveyó un lugar para su prosperidad, el huerto de Edén. Cuando pecaron y fueron expulsados de Edén, Dios de todas maneras reafirmó su pacto y su compromiso de llenar la tierra con gente creada a su imagen y prometió que la simiente de la mujer algún día aplastaría la serpiente (Génesis 3:15). El tema bíblico de ser establecido en un paraíso edénico está presente en todos los pactos posteriores, con Noé, Abraham, Moisés, David y en el nuevo pacto en el Señor Jesucristo. El Salmo 1 hace referencia a ese tema recurrente de la tierra prometida, animándonos a meditar con regularidad y deleite en la Palabra de Dios para asegurar nuestra participación en la vigente promesa de nuestro Señor.

¿Cómo nos hace sabios el Salmo 1 para la salvación en Jesucristo?

Como vimos en la meditación previa, Jesucristo no solo es el ejemplo perfecto del bienaventurado del Salmo 1 sino que lo ha superado porque es la vid verdadera de quien todos los creyentes dependemos para resistir lo malo y producir fruto verdadero para su reino.

«Permaneced en mí, y yo en vosotros. Como el pámpano no puede llevar fruto por sí mismo, si no permanece en la vid, así tampoco vosotros, si no permanecéis en mí. Yo soy la vid, vosotros los pámpanos; el que permanece en mí, y yo en él, éste lleva mucho fruto, porque separados de mí nada podéis hacer. El que en mí no permanece, será echado fuera como pámpano, y se secará; y los recogen, y los echan en el fuego, y arden. Si permanecéis en mí, y mis palabras permanecen en vosotros, pedid todo lo que queréis, y os será hecho. En esto es glorificado mi Padre, en que llevéis mucho fruto, y seáis así mis discípulos» (Juan 15:4-8).

Mientras permanecemos en las palabras de Cristo, deleitándonos en ellas mediante la meditación en ellas día y noche, el Señor produce fruto en nosotros por medio de nuestra obediencia, fruto que glorifica al Padre. Que Dios permita que, por su gracia, nos encontremos de pie en la congregación de los justos en Cristo en el día del juicio, habiendo producido mucho fruto para su gloria.

Sobre el autor

Ken Kytle trae más de tres décadas de experiencia como instructor universitario de lenguas y pastor de congregaciones hispanohablantes para ayudarle a la gente a entender, celebrar y aplicar la Biblia.

Made in the USA
Columbia, SC
10 September 2024